DISNE

Mary Po

MON HIS
du soir

L'histoire du film

hachette
JEUNESSE

Grâce à Mary Poppins, Jane et Michael ont... presque réussi à ranger leur chambre.

– Ça suffit pour aujourd'hui ! dit la nouvelle nounou. Et si nous allions au parc ?

Les enfants sont ravis !
Devant les grilles du parc,
Mary Poppins s'arrête.
– Bonjour Bert, dit-elle,
que fais-tu de beau
aujourd'hui ?

À genoux sur le trottoir, l'homme dessine
à la craie de jolies images.
– C'est celle-là que je préfère, s'écrie Jane.
J'adore ce paysage.

– Très bon choix, mademoiselle,
répond Bert en souriant. Je vous y emmène.
Un peu de magie, un clin d'œil, puis un autre,
les enfants ferment les yeux… et sautent !

– Oh, s'étonne Michael, nous sommes
dans le paysage que tu as dessiné !
– Et nous portons des habits magnifiques,
sourit Jane. J'adore !

Au loin, on entend la musique d'une fête foraine.
– Allons voir les manèges ! crient en chœur
Jane et Michael.

Pendant que les enfants s'amusent, Mary Poppins et Bert s'installent pour prendre le thé.

– L'endroit est tout simplement ravissant ! dit la jeune femme.

Sur leurs chevaux de bois, les deux enfants s'amusent comme des fous.

– Venez nous rejoindre ! propose Jane à Bert et Mary Poppins.

– Avec plaisir, mais je n'ai pas très envie
de tourner en rond, répond Bert en riant.
Mary Poppins dit un mot au gardien… et voilà
les chevaux qui partent en promenade !

Oh ! Voici que les cavaliers sont pris dans une course de chevaux !
– Je crois que je vais gagner, annonce Mary Poppins en riant.

Rien de tel qu'une pomme d'amour pour se remettre de ses émotions.

– Tiens, il pleut, remarque Bert. Je crois que c'est l'heure de rentrer…

Lavé par l'averse, le paysage disparaît
peu à peu. Jane et Michael se retrouvent
devant les grilles du parc.
Devant eux, luisent des flaques d'eau
de toutes les couleurs.

Vite, il faut rentrer se sécher !
Après un bon dîner, les enfants filent au lit.
– On n'a pas sommeil, s'écrient-ils d'une seule voix.

– Pas de problème, répond Mary Poppins.
Je vais vous chanter une chanson.
Épuisés, Jane et Michael s'endorment,
avec des rêves plein la tête. Quelle belle journée !

Près de 100 histoires
pour s'endormir en douceur.

Adaptation : Cécile Beaucourt
Mise en pages : Julie Demol

Édité par Hachette Livre : 58, rue Jean Bleuzen – 92178 Vanves Cedex – Imprimé par Macrolibros en Espagne – Achevé d'imprimer : novembre 2018
ISBN : 978-2-01-707312-3 – Édition 01 – Dépôt légal : novembre 2018 – Loi n° 49-956 du 16 juillet 1949 sur les publications destinées à la jeunesse.
Pour tout renseignement concernant nos parutions, nous contacter par téléphone au 01 43 92 38 88 ou par e-mail : disney@hachette-livre.fr

Pour l'éditeur, le principe est d'utiliser des papiers composés de fibres naturelles, renouvelables, recyclables et fabriquées à partir de bois issus de forêts qui adoptent un système d'aménagement durable. En outre, l'éditeur attend de ses fournisseurs de papier qu'ils s'inscrivent dans une démarche de certification environnementale reconnue.